LIBRO AMIGO DE LOS BOSQUES
PAPEL PROCEDENTE DE FUENTES RESPONSABLES

Reservados todos los derechos.
Cualquier forma de reproducción, distribución, comunicación pública o
transformación de esta obra solo puede ser realizada con la autorización
de sus titulares, salvo excepción prevista por la ley. Diríjase a CEDRO
(Centro Español de Derechos Reprográficos) si necesita fotocopiar
o escanear algún fragmento de esta obra (www.conlicencia.com;
917 021 970 / 932 720 447).

Título original: *Mon grand livre de la nature*
© Rue des enfants, 2016
Publicado por acuerdo con IMC Agencia Literaria
Traducción: Algar Editorial
Revisión científica: Susanna Ligero
© Algar Editorial
  Apartado de correos 225 - 46600 Alzira
  www.algareditorial.com
Impresión: Anman

1.ª edición: enero, 2020
ISBN: 978-84-9142-292-1
DL: V-885-2019

LA GRAN ENCICLOPEDIA DE LA NATURALEZA

Vincent Albouy
Anne Baudier

Laurianne Chevalier
Mélissa Faidherbe
Cathy Gaspoz
Dominique Mansion
Florence McKenzie

algar

Las palabras con asterisco están definidas
en el glosario del final del libro.

ÍNDICE

LOS ÁRBOLES 4
Mostajo
Carpe
Castaño
Roble carballo
Falso plátano
Haya
Nogal
Álamo negro
Falsa acacia
Ciprés
Pícea
Tejo
Alerce
Pino rodeno
Pino albar
Abeto
Abeto de Douglas
Tuya gigante

LAS FLORES 8
Anémona de bosque
Berro de los prados
Celidonia menor
Muguete
Nomeolvides
Margarita
Primavera
Sello de Salomón
Violeta
Milenrama
Brecina
Manzanilla
Zanahoria silvestre
Centaura
Achicoria
Cólquico
Escaramujo
Gordolobo

LOS CULTIVOS 12
Avena
Trigo duro
Trigo blando
Maíz
Arroz
Centeno
Colza
Lino
Alfalfa
Mostaza
Soja
Girasol
Ajo
Alcachofa
Zanahoria
Berro
Judía
Calabacera

LOS MAMÍFEROS 16
Comadreja
Lobo
Nutria
Zorro
Mapache
Oso
Erizo
Musaraña
Topo
Jabalí
Ciervo
Muflón
Íbice de los Alpes
Castor
Marmota alpina
Lirón
Ardilla
Ratón

LAS AVES 20
Alondra
Camachuelo
Cárabo común
Graja
Faisán vulgar
Carbonero común
Urraca
Paloma
Petirrojo
Trepador azul
Tórtola turca
Ánade azulón
Cuco
Garza real
Golondrina
Vencejo común
Busardo ratonero
Pinzón

LOS INSECTOS 24
Hormiga
Pulgón
Mosca
Mosquito
Abeja melífera
Avispa
Abejorro
Mantis
Libélula de cuatro manchas
Cigarra
Escarabajo de la patata
Saltamontes verde común
Escarabajo rinoceronte
Mariquita
Carábido dorado
Grillo
Chinche roja
Chinche verde

LAS MARIPOSAS 28
Isabelina
Apolo
Mariposa tigre
Bómbix hoja de encina
Blanca del majuelo
Esfinge de la calavera
Procris turquesa de la acedera
W-blanca
Polilla amarilla del sauce
Moscardón azul
Cecropia
Cuervo azul rayado
Polilla jeroglífica
Caleidoscopio
Mariposa Morfo Aquiles
Polilla emperador
Mariposa de alas de pájaro
Polilla crepuscular de Madagascar

GLOSARIO 32

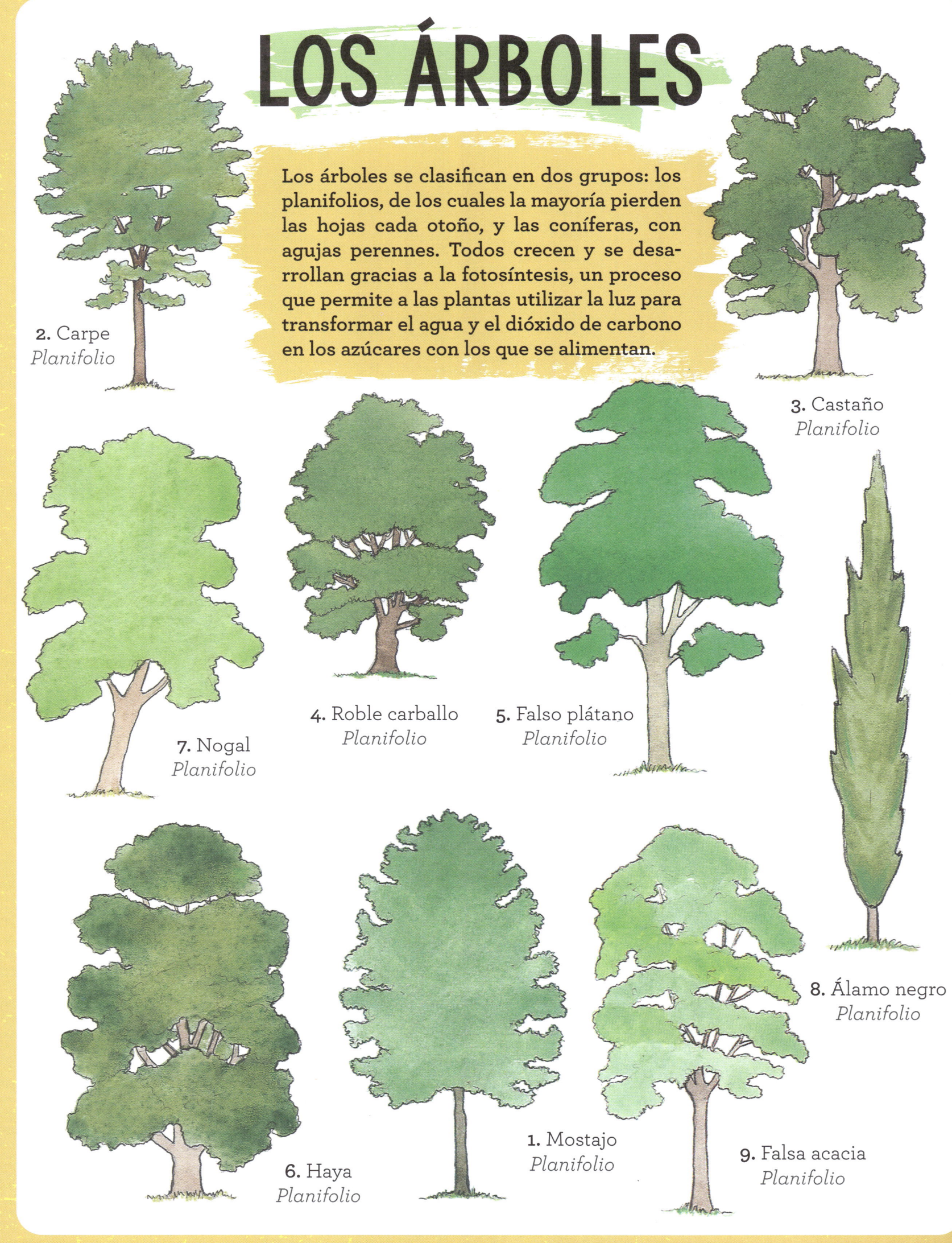

1. MOSTAJO

Entorno: regiones calcáreas.
Esperanza de vida: hasta 200 años.
Tamaño: hasta 20 m.

Su madera dura y ligeramente rosada es muy apreciada para la tornería*, para la escultura y para la ebanistería*.

2. CARPE

Entorno: suelos arcillosos húmedos, de 0 m a 1.000 m de altitud.
Esperanza de vida: hasta 150 años.
Tamaño: hasta 30 m.

Su madera es muy dura y se utiliza para fabricar los mangos de algunas herramientas, pero también es buena como leña. Puesto que es muy fácil de podar, se planta en los márgenes de los caminos para formar túneles verdes.

3. CASTAÑO

Entorno: suelos ácidos como la tierra de brezo.
Esperanza de vida: de 500 a 1.000 años.
Tamaño: hasta 30 m.

Se utiliza para fabricar muebles, vallas y estacas para la vid. Su fruto, la castaña, se puede consumir crudo, cocido o asado. En España, uno de los castaños más viejos se encuentra en la Sierra Real de Istán, ¡y tiene casi 1.000 años!

4. ROBLE CARBALLO

Entorno: terrenos húmedos.
Esperanza de vida: entre 800 y 1.000 años.
Tamaño: hasta 35 m.

Su madera, dura y densa, es muy apreciada, porque sirve para construir estructuras y puentes, travesaños para las vías del tren... También se usa mucho en los trabajos de ebanistería y para fabricar muebles y barriles.

5. FALSO PLÁTANO

Entorno: bosques de montaña con suelos húmedos.
Esperanza de vida: 200 años.
Tamaño: hasta 35 m.

Su madera, dura y muy resistente, se usa para la ebanistería y la lutería*.

¿LO SABÍAS?
El fruto del falso plátano tiene el nombre científico de sámara y su forma hace que, cuando cae del árbol, ¡gire como las hélices de un helicóptero!

6. HAYA

Entorno: suelos bien drenados* y frescos, de 0 m a 1.700 m de altitud.
Esperanza de vida: no más de 400 años.
Tamaño: hasta 35 m.

Su madera, resistente y dura, se utiliza para fabricar muebles, objetos del hogar o juguetes, y también como leña.

7. NOGAL

Entorno: terrenos calcáreos y frescos, en llanuras o en montañas.
Esperanza de vida: hasta 300 años.
Tamaño: hasta 25 m.

Este árbol se cultiva desde el siglo I por su fruto, la nuez, que se consume fresca, cocinada o en repostería.

8. ÁLAMO NEGRO

Entorno: suelos húmedos, incluso inundables.
Esperanza de vida: hasta 200 años.
Tamaño: hasta 35 metros.

Este árbol se planta en los márgenes de los caminos y de los prados y a orillas de los ríos para dar sombra.

¿LO SABÍAS?
¡El álamo negro es un árbol con superpoderes! Se extiende por el suelo y, partir de sus raíces, crecen nuevos árboles lejos del tronco original.

9. FALSA ACACIA

Entorno: suelos ordinarios, en llanuras o en colinas.
Esperanza de vida: más de 200 años.
Tamaño: hasta 30 m.

Su madera es buena para hacer leña, pero se suele plantar por sus flores, muy apreciadas por las abejas, que recolectan su néctar para fabricar miel. También se pueden utilizar para cocinar (buñuelos y jarabes).

10. CIPRÉS

Entorno: suelos ordinarios del sur de Europa, sobre todo.
Esperanza de vida: alrededor de 600 años.
Tamaño: hasta 30 m.

En general se utiliza como árbol ornamental, aunque también se planta para proteger los cultivos del viento. Su madera se usa para la carpintería y la ebanistería.

11. PÍCEA

Entorno: suelos ordinarios, en llanuras o en montañas.
Esperanza de vida: de 100 a 200 años.
Tamaño: hasta 50 m.

Es un árbol muy común y a menudo se planta para reforestar las superficies donde se han talado los árboles. Su madera sirve para fabricar instrumentos musicales, estructuras, postes y pasta de papel.

¿LO SABÍAS?
¡La mayoría de los árboles de Navidad son píceas!

12. TEJO

Entorno: suelos calcáreos.
Tamaño: hasta 20 m.

Esperanza de vida: ¡más de 1.000 años!

Este árbol tiene muchos usos diferentes. Además de utilizarse para formar setos en los jardines, su madera, muy dura, sirve para la ebanistería*, la escultura y para confeccionar objetos pequeños (piezas de ajedrez). De su corteza se extrae el paclitaxel, un compuesto que sirve para tratar la leucemia. Por desgracia, el tejo crece muy lentamente y está sobreexplotado, de modo que es muy raro encontrarlo en los bosques de manera natural.

13. ALERCE

Entorno: jardines, llanos y montañas.
Esperanza de vida: hasta 800 años.
Tamaño: hasta 40 m.

Se planta en los jardines como árbol decorativo. La madera de los alerces de montaña tiene muchos usos diferentes (estructuras, postes, muebles...).

¿LO SABÍAS?
La savia del alerce se llama trementina, también conocida como trementina de Venecia por el gran comercio que se hacía de ella en esta ciudad.

14. PINO RODENO

Entorno: terrenos arenosos, con climas suaves o cálidos.
Esperanza de vida: hasta 80 años.
Tamaño: hasta 35 m.

Su madera se usa para fabricar parqué, postes, contrachapados y cajas. La resina de este pino contiene trementina, una sustancia que diluye las pinturas y los barnices.

¿LO SABÍAS?
En España, el bosque de pinos rodenos más grande se encuentra en Málaga, en concreto en la Sierra Bermeja.

15. PINO ALBAR

Entorno: suelos ordinarios, entre 600 y 1.600 m de altitud.
Esperanza de vida: alrededor de 200 años.
Tamaño: hasta 40 m.

Su madera se utiliza para fabricar estructuras, parqué, postes y pasta de papel. Con las gemas se preparan tisanas para curar la tos y la afonía.

16. ABETO

Entorno: bosques de altura.
Esperanza de vida: más de 500 años.
Tamaño: hasta 40 m.

Muy utilizado para reforestar los bosques, con su madera se fabrican puertas, estructuras, cajas, parqué y pasta de papel.

17. ABETO DE DOUGLAS

Entorno: suelos ordinarios de altura.
Esperanza de vida: hasta 500 años.

Tamaño: ¡hasta 60 m!

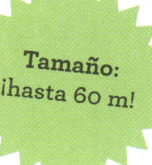

Se ha plantado mucho para reforestar los bosques, pero también para explotar su madera (ebanistería, estructuras y embalajes).

¿LO SABÍAS?
El abeto de Douglas debe su nombre al botánico escocés que envió las semillas de este árbol a Europa, en el año 1827.

18. TUYA GIGANTE

Entorno: suelos ordinarios.
Esperanza de vida: 350 años.
Tamaño: hasta 20 m.

Es muy útil para formar setos. Su madera es imputrescible* y sirve para fabricar ebanistería de exterior (pérgolas, cabañas de jardín...).

¿LO SABÍAS?
El nombre científico de la tuya, *Thuja*, procedente del griego, significa 'ofrecer en sacrificio'. Se llama así porque en las ceremonias religiosas se solía quemar su madera aromática.

LAS FLORES

En general, las flores son la parte más visible de las plantas. A pesar de sus diferencias, todas las plantas están formadas por raíces, gracias a las cuales son capaces de absorber el agua y las sales minerales del suelo que les son indispensables para crecer; por un tallo, que sostiene las flores y las hojas, y por una o más flores, que a veces se transforman en frutos y permiten a las plantas reproducirse.

1. Anémona de bosque
Flor de primavera

2. Berro de los prados
Flor de primavera

3. Celidonia menor
Flor de primavera

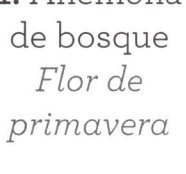

5. Nomeolvides
Flor de primavera

6. Margarita
Flor de primavera

4. Muguete
Flor de primavera

8. Sello de Salomón
Flor de primavera

7. Primavera
Flor de primavera

9. Violeta
Flor de primavera

1. ANÉMONA DE BOSQUE

Medio: bosques y sotobosques húmedos.
Floración: marzo-abril.
Talla: 15-25 cm.

El nombre científico de esta flor es *Anemone nemorosa*, y cuenta la leyenda que Céfiro, el dios del viento, se enamoró de Anémona, una doncella al servicio de Flora, la diosa de las flores. Celosa, Flora transformó a Anémona en flor.

2. BERRO DE LOS PRADOS

Medio: suelos arcillosos y húmedos, cerca de los bosques y a orillas de los ríos.
Floración: abril-junio.
Talla: 20-50 cm.

Los brotes y las hojas jóvenes del berro son comestibles y se consumen crudos porque, cuando se cocinan, pierden su sabor característico ligeramente picante. En el norte de Europa se fabrica un queso llamado *quark* aderezado con estas hojas.

3. CELIDONIA MENOR

Medio: terrenos húmedos, márgenes de los caminos, prados, sotobosques y jardines.
Floración: marzo-mayo.
Talla: 5-25 cm.

La celidonia contiene vitamina C y antiguamente se utilizaba para curar el escorbuto, una enfermedad causada por la falta de esta vitamina.

> **¿LO SABÍAS?**
> Las flores de la celidonia son estériles, por eso la planta se reproduce gracias a sus bulbilos* subterráneos.

4. MUGUETE

Medio: suelos ligeros y sotobosques.
Floración: mayo-junio.
Talla: 20 cm.

Durante la Segunda Guerra Mundial, el muguete se utilizaba para tratar a las víctimas del gas mostaza. En la actualidad, se planta en jardines y se vuelve invasora muy pronto. Presta atención a sus frutos, ¡son unas bayas rojas muy venenosas!

> **¿LO SABÍAS?**
> Es una planta muy rara en España y solo se puede encontrar en la zona del Pirineo, en el País Vasco, en el Sistema Ibérico y en la sierra de Gredos.

5. NOMEOLVIDES

Medio: campos, jardines, márgenes de los caminos y claros.
Floración: abril-octubre.
Talla: 15-35 cm.

Su nombre científico, *Myosotis*, significa 'oreja de ratón' en griego. ¡Se llama así porque sus hojas alargadas y cubiertas de pelusa se asemejan a las orejas de este pequeño roedor!

6. MARGARITA

Medio: prados, hierba, márgenes de los caminos, barbechos.
Floración: mayo-octubre.
Talla: 5-20 cm.

Sus hojas se pueden consumir en ensaladas y en sopas.

7. PRIMAVERA

Medio: prados, márgenes de los caminos y bosques claros con suelos calcáreos.
Floración: marzo-abril.
Talla: 15-30 cm.

¡Una de las primeras flores de la primavera!

Su nombre científico, *Primus veris*, significa 'flor de primavera' en latín. Se llama así porque es una de las primeras flores de esta estación. Tiene propiedades medicinales, sobre todo contra las afecciones respiratorias.

8. SELLO DE SALOMÓN

Medio: bosques europeos y lugares con sombra.
Floración: abril-junio.
Talla: 20-60 cm.

Aunque su rizoma* tiene multitud de propiedades medicinales (tónico para el corazón, cicatrizante...), su fruto es tóxico y provoca vómitos.

9. VIOLETA

Medio: lugares con sombra (bosques, montes bajos, setos...).
Floración: abril-mayo.
Talla: 3-20 cm.

Antiguamente, los griegos utilizaban la violeta para endulzar los alimentos. En la actualidad, la violeta se usa en varios preparados medicinales para tratar problemas respiratorios y del aparato digestivo, así como para tratar casos de intoxicación, ya que en dosis elevadas provoca vómitos.

10. MILENRAMA

Medio: eriales, césped y márgenes de los caminos.
Floración: mayo-noviembre.
Talla: 10-70 cm.

Esta planta, muy común, es aromática* y tiene numerosas propiedades medicinales: se usa contra la tos, las inflamaciones, para facilitar la digestión... Las hojas tienen la capacidad de parar el sangrado. También se conoce con el nombre de hierba de Aquiles porque se dice que Aquiles la usó para curarse las heridas.

11. BRECINA

Medio: suelos no calcáreos y arenosos de las landas y de los bosques.
Floración: julio-septiembre.
Talla: 10-50 cm.

Toda la planta es útil: los tallos se utilizan para fabricar escobas y cercados, con sus raíces se hacen pipas, y las flores son eficaces para el tratamiento de las infecciones urinarias.

12. MANZANILLA

Medio: terrenos yermos, campos y taludes soleados.
Floración: mayo-agosto.
Talla: 15-30 cm.

La manzanilla es muy abundante, tanto de manera natural como cultivada. Tiene propiedades medicinales que se conocen desde hace mucho tiempo. Sus flores secas se utilizan en tisanas para tranquilizar, y su aceite esencial tiene propiedades antiinflamatorias y cicatrizantes.

13. ZANAHORIA SILVESTRE

Medio: terrenos secos, márgenes de los caminos y taludes.
Floración: junio-octubre.
Talla: 40-80 cm.

Esta zanahoria es la versión silvestre de la zanahoria cultivada. Gracias a la mutación y a la selección, hemos obtenido las raíces naranjas que nos comemos. Tanto la silvestre como la cultivada son ricas en vitamina A, indispensable para los ojos, y también en vitamina B, que tiene un papel muy importante en la protección de la piel.

14. CENTAURA

Medio: campos.
Floración: junio-agosto.
Talla: 30-80 cm.

Esta planta tiene propiedades calmantes para los ojos. Todavía se utiliza en algunos productos farmacéuticos, pero escasea debido a los herbicidas que se usan en el campo.

15. ACHICORIA

Medio: márgenes de los caminos, carreteras soleadas, escombros y prados.
Floración: junio-septiembre.
Talla: de 30 cm a 1,2 m.

La achicoria se cultiva por su raíz que, asada, sirve para preparar una bebida parecida al café.

16. CÓLQUICO

Medio: prados húmedos.
Floración: agosto-octubre.
Talla: 5-20 cm.

¡El cólquico anuncia el final del verano! La planta entera contiene colchicina, una toxina muy potente utilizada en farmacia. Según la mitología griega, la Cólquida es la región de Asia de donde era originaria Medea, famosa por sus crímenes.

¿LO SABÍAS?
El cólquico forma parte del extraño grupo de plantas que florecen sin hojas.

17. ESCARAMUJO

Talla: ¡de 1 a 3 metros!

Medio: borde de los bosques y de los setos.
Floración: junio.

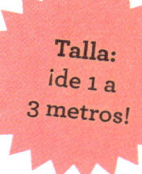

Su fruto se utiliza para hacer mermelada y es rico en vitamina C.

18. GORDOLOBO

Medio: lugares sin cultivar (terrenos baldíos, márgenes de los caminos, descampados y escombros).
Floración: junio-noviembre.
Talla: 30 cm a 2 m.

El gordolobo, también conocido como candelaria, se utiliza en forma de tisana para calmar la tos; de hecho, toda la planta tiene propiedades calmantes.

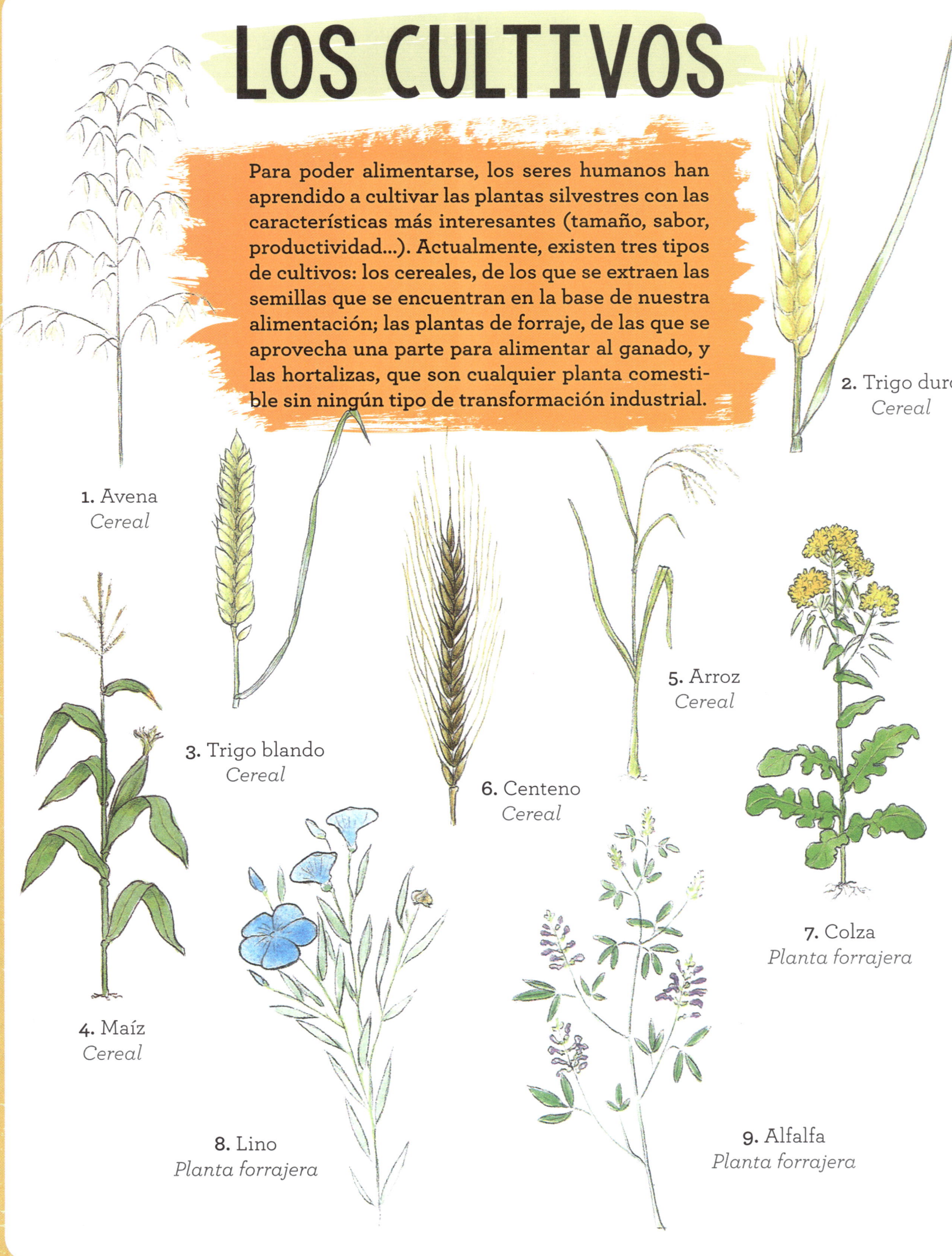

1. AVENA

Origen: Europa meridional.
Lugares donde se cultiva: Europa, América del Norte y China.
Cosecha: agosto.

Los granos se consumen en forma de copos que se utilizan para hacer papillas o gachas. En los países anglosajones también sirve para fabricar alcohol: la ginebra.

2. TRIGO DURO

Origen: Asia.
Lugares donde se cultiva: Europa y América del Norte.
Cosecha: julio-agosto.

Los granos sirven para hacer la sémola con la que se preparan algunos platos como el cuscús o la pasta. Una vez retiradas las semillas, con los tallos se forma la paja, que tiene muchos usos diferentes: para hacer jergones, de alimento para los animales, para construir tejados, en cestería*...

¿LO SABÍAS?
Antes de que se utilizaran los herbicidas, había que prestar mucha atención para no mezclar los granos del trigo con los de otra planta llamada cizaña, que produce una especie de embriaguez. De esta planta viene la expresión «sembrar cizaña», que significa poner discordia o enemistad.

3. TRIGO BLANDO

Origen: Grecia y Oriente Medio.
Lugares donde se cultiva: Europa, América del Norte, Asia y Australia.
Cosecha: julio-agosto.

Con los granos del trigo triturados y tamizados se elabora la harina con la que se prepara el pan, los pasteles, las galletas... La semilla produce harina blanca, que es menos nutritiva que la harina del grano entero.

¿LO SABÍAS?
El trigo es uno de los cultivos más antiguos del mundo, se remonta al Neolítico, hace más de cinco mil años.

4. MAÍZ

Origen: América Central y América del Sur.
Cosecha: entre agosto y noviembre.

¡Se cultiva en todo el mundo!

Existen muchas variedades de maíz y cada una de ellas tiene un uso específico. El maíz de forraje se usa como alimento para el ganado, y con su grano se elabora harina, sémola, aceite y fécula. También se consume en forma de legumbre y para hacer palomitas. Además, se puede producir alcohol destilando los granos, y con los tallos se fabrica papel y tejidos.

5. ARROZ

Origen: Asia.
Lugares donde se cultiva: China, India, Asia, Madagascar, América, el sur de Europa y Australia.
Cosecha: final del verano.

Supone la base de la alimentación de una gran parte de la población mundial. Los granos que se estropean se dan al ganado. El arroz fermentado produce alcohol, llamado *sake*, y también se usa para hacer harina. La paja sirve para alimentar a los animales y también para la cestería*.

¿LO SABÍAS?
El arroz es el único cereal que crece en el agua.

6. CENTENO

Origen: norte de Europa Central.
Lugares donde se cultiva: Rusia, Canadá, Europa, China y Turquía.
Cosecha: en verano.

La harina de centeno sirve para hacer pan y con los granos se fabrica alcohol (ginebra, vodka, whisky). La paja tiene dos usos diferentes: verde sirve para alimentar al ganado, y con la paja seca se recubren los tejados y se confeccionan sillas.

7. COLZA

Origen: zona mediterránea.
Lugares donde se cultiva: Europa, China, India y Canadá.
Cosecha: en verano.

Se extrae aceite de sus granos y con los residuos (torta*) se alimenta al ganado.

8. LINO

Origen: zona del Cáucaso.
Lugares donde se cultiva: Rusia, Europa, Canadá, Argentina, India, Estados Unidos y China.
Cosecha: principios del verano.

Se cultivan dos variedades de lino: de los granos del lino oleaginoso se extrae aceite, con el que se fabrican pinturas y barnices; y los tallos del lino textil, después del enriado*, dan unas fibras que se pueden hilar y tejer como la lana o el algodón.

¿LO SABÍAS?
Los egipcios, dos mil años antes de nuestra era, desarrollaron el cultivo y el arte de tejer el lino, de hecho, ¡era con lo que se hacían las vendas de las momias!

9. ALFALFA

Origen: Oriente Próximo.
Lugares donde se cultiva: países con climas templados, el sur de África y América del Sur.
Cosecha: se puede cosechar varias veces al año.

Los animales pueden consumir la alfalfa seca o deshidratada (en forma de gránulos). El nombre alfalfa viene de una palabra árabe que significa 'el mejor alimento'.

10. MOSTAZA

Origen: Europa.
Lugares donde se cultiva: países con climas templados o cálidos y húmedos.
Cosecha: entre junio y octubre.

La mostaza se utiliza como forraje o como fertilizante ecológico para enriquecer los suelos en barbecho. ¡Con sus semillas se elabora el condimento que lleva el mismo nombre!

11. SOJA

Origen: Extremo Oriente (China y Filipinas).
Lugares donde se cultiva: Estados Unidos, Brasil, Argentina, China y Europa.
Cosecha: final del verano.

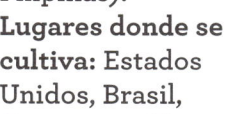

La soja es rica en proteínas y se puede consumir en forma de brotes germinados, de aceite, de zumo o de leche. También se utiliza para fabricar el tofu. Su almidón* se encuentra entre los ingredientes necesarios para fabricar los fideos chinos. Con la torta* se alimenta al ganado.

12. GIRASOL

Origen: Perú.
Lugares donde se cultiva: Europa, Estados Unidos, Rusia, Argentina y China.
Cosecha: a finales de septiembre.

De sus granos se extrae aceite, y la torta* restante es un alimento rico para el ganado. Toda la planta se usa como forraje.

¿LO SABÍAS?
El girasol debe su nombre a que su flor siempre mira hacia el sol a lo largo de su crecimiento.

13. AJO

Origen: Asia Central.
Cosecha: en verano.

¡Se cultiva en casi todos los países del mundo!

El ajo tiene multitud de usos medicinales: es bueno para la circulación de la sangre, contra la diabetes, para curar infecciones...

¿LO SABÍAS?
En la época de los faraones, los egipcios daban un gran valor al ajo, porque era el alimento de los obreros que construían las pirámides.

14. ALCACHOFA

Origen: la zona mediterránea.
Lugares donde se cultiva: Europa, Estados Unidos y Argentina.
Cosecha: casi todo el año.

La alcachofa es un cardo*, y gracias a la selección, se ha podido aumentar el tamaño de las inflorescencias*. Tiene propiedades que curan varios problemas del hígado. Consumimos sus hojas, su base y su corazón.

15. ZANAHORIA

Origen: Afganistán.
Lugares donde se cultiva: Europa, Estados Unidos y China.
Cosecha: desde principios de verano hasta finales de otoño.

La zanahoria es rica en caroteno, que le da su característico color naranja. El caroteno se transforma en el organismo en vitamina A, indispensable para el buen funcionamiento de algunos órganos, en especial de los ojos.

16. BERRO

Origen: Europa Central.
Lugares donde se cultiva: Europa, América del Norte y Nueva Zelanda.
Cosecha: en invierno y en primavera.

Hace mucho tiempo que se lo considera una planta medicinal, ya que contiene un aceite muy efectivo en el tratamiento de la bronquitis.

17. JUDÍA

Origen: América Central y América del Sur.
Lugares donde se cultiva: Europa, China, India, Estados Unidos, México, Turquía y África.
Cosecha: desde verano hasta otoño.

Se cultivan muchas variedades distintas de judía. Se puede comer el grano seco, como por ejemplo en la fabada asturiana, o las vainas, como es el caso de las judías verdes con las que se hace la paella. En cualquier caso, es muy rica en proteínas.

18. CALABACERA

Origen: América del Sur.
Cosecha: otoño.

¡Se cultiva en casi todos los países del mundo!

Su carne, poco nutritiva, se utiliza para cocinar sopas, pasteles y compotas. Con las calabazas más grandes, de más de cien quilos, se alimenta a los animales. Sus semillas, tostadas, son muy apreciadas.

LOS MAMÍFEROS

Los mamíferos se caracterizan por el hecho de que las hembras amamantan a sus crías. Según la especie, su régimen alimentario varía: los carnívoros comen carne; los insectívoros, insectos; los herbívoros, vegetales; los granívoros, grano, y los omnívoros, alimentos muy diversos.

5. Mapache
Omnívoro

3. Nutria
Carnívoro

1. Comadreja
Carnívoro

4. Zorro
Carnívoro

2. Lobo
Carnívoro

8. Musaraña
Insectívoro

7. Erizo
Insectívoro

9. Topo
Insectívoro

6. Oso
Omnívoro

1. COMADREJA

¡Es el mamífero carnívoro más pequeño de Europa!

Hábitat: prados, bocages*, bosques, pueblos y granjas.
Tamaño: de 15 a 25 cm.
Reproducción: de una a dos camadas al año, de 4 a 9 crías.

Su tamaño le permite entrar a las galerías de los roedores pequeños, para comérselos, pero también para alojarse en ellas. Es una gran cazadora y puede atacar a animales más grandes que ella, como por ejemplo el conejo.

2. LOBO

Hábitat: bosques y zonas semiáridas, mayoritariamente al oeste de Europa.
Tamaño: entre 1 y 1,40 m.
Reproducción: solo la pareja dominante, una camada al año, de entre 5 y 7 crías.

Es un animal nocturno que vive en manada, formada por una o más familias. Una comunicación bien elaborada les permite una organización social compleja. Como ha sido víctima de campañas de exterminio durante mucho tiempo, ahora es una especie protegida.

¿LO SABÍAS?
El lobo es el ancestro de todas las razas de perros domésticos.

3. NUTRIA

Hábitat: cualquier medio acuático con aguas claras y no contaminadas.
Tamaño: de 65 a 80 cm.
Reproducción: una camada al año, de entre 2 y 4 crías.

La nutria es nocturna y es una excelente nadadora. Puede cerrar las orejas y la nariz cuando está debajo del agua. Su menú se compone de pescado, pero también de roedores y de aves acuáticas. En la actualidad es una especie protegida en muchos países de Europa y de Asia, pero continúa estando en peligro de extinción a causa de la transformación de su hábitat.

4. ZORRO

Hábitat: regiones boscosas y zonas cultivadas (aunque se puede adaptar a varios medios).
Tamaño: de 60 a 90 cm.
Reproducción: una camada al año, de entre 3 y 5 crías.

El zorro es carnívoro, se alimenta principalmente de roedores pequeños, de huevos, de aves, de lagartos, de insectos y de carroña. No hace ascos a los frutos ni a las bayas. Es un animal solitario, pero muy común.

5. MAPACHE

Hábitat: bosques y parques cercanos al agua.
Tamaño: de 50 a 70 cm.
Reproducción: una camada al año, de entre 3 y 7 crías.

El mapache está activo en el crepúsculo y durante la noche. Vive solo o en pareja, y construye su nido en los árboles o en las rocas. Es un animal omnívoro: su alimentación es de origen vegetal (bellotas, frutos, bayas, cereales...), pero también come pájaros, peces, insectos y ranas.

¿LO SABÍAS?
Cuando está en libertad, el mapache caza a sus presas en el medio acuático. En cautividad, su instinto le hace mojar sus alimentos en el agua, como si los lavara. ¡Por eso al mapache también se lo conoce con el nombre de osito lavador!

6. OSO

Hábitat: los Pirineos, bosques de Rusia, del este de Europa y de Escandinavia.
Tamaño: de 1,50 a 2,20 m.
Reproducción: una camada cada dos o tres años, de entre 2 y 4 crías.

El oso es un animal miedoso que está activo tanto de día como de noche. En verano descansa en la hierba, y en invierno, hiberna*. Es omnívoro, en general se alimenta de vegetales (raíces, yemas, frutos...), pero también de miel, de larvas y de mamíferos.

7. ERIZO

¡Es el único mamífero de Europa que está cubierto de púas!

Hábitat: límite de los bosques, de los jardines y de los parques.
Tamaño: de 22 a 30 cm.
Reproducción: de una a dos camadas al año, de entre 5 y 7 crías.

El erizo es un animal nocturno y solitario. Es insectívoro, pero también puede comer gusanos, arañas, huevos, víboras, bayas, bellotas y setas. Hiberna* durante las épocas frías.

8. MUSARAÑA

Hábitat: bosques húmedos, prados pantanosos y casas (en invierno).
Tamaño: de 6 a 9 cm.
Reproducción: entre tres y cuatro camadas al año, de entre 5 y 9 crías.

La musaraña es un animal solitario y muy activo que se desplaza día y noche en busca de alimento. Es insectívoro, pero también le gustan los gusanos, los caracoles, los ratones, la carroña y los granos.

¿LO SABÍAS?
La musaraña desprende un olor que disuade a los carnívoros de cazarla, solo las rapaces* la pueden comer...

9. TOPO

Hábitat: medios variados (excepto a orillas del agua).
Tamaño: de 11 a 16 cm.
Reproducción: de una a dos camadas al año, de entre 2 y 6 crías.

El topo vive casi exclusivamente bajo tierra, en solitario y provisto, mediante galerías, de habitaciones que utiliza para dormir, como despensa y para sus crías. Es un animal insectívoro, pero también come gusanos, larvas y babosas.

10. JABALÍ

Hábitat: regiones boscosas, montes bajos y ciénagas.
Tamaño: de 1,10 a 1,80 m.
Reproducción: una camada al año, de entre 2 y 12 crías.

El jabalí es un animal nocturno y omnívoro: come plantas, tubérculos, bellotas, gusanos, insectos, huevos, caracoles... Encuentra el alimento hurgando en el suelo con el morro. El macho, la hembra (jabalina) y las crías (jabatos) viven en familia.

11. CIERVO

Hábitat: bosques llanos y de montaña.
Tamaño: de 1,60 a 2,50 m.
Reproducción: una camada al año, de 1 sola cría.

Está activo al alba y en el crepúsculo. Las hembras (ciervas) y las crías (cervatillos) viven en manada*. Los machos jóvenes viven en grupos pequeños y los más viejos viven en solitario. Sus cuernos caen y vuelven a crecer cada año, y cuanto más viejo es un ciervo, más imponente es su cornamenta.

12. MUFLÓN

Hábitat: macizos rocosos y bosques de montaña.
Tamaño: de 1,10 a 1,30 m.
Reproducción: una camada al año, de una sola cría.

El muflón está activo durante el día, vive en grupos dirigidos por hembras viejas, y los machos viejos viven en solitario. Es originario de Córcega y Cerdeña, se ha cruzado con el cordero y se ha introducido en toda Europa para formar un nuevo animal de caza, con una carne de mejor calidad.

13. ÍBICE DE LOS ALPES

Hábitat: alta montaña.
Tamaño: de 1 a 1,70 m.
Reproducción: una camada al año, de una sola cría.

El íbice está activo durante las primeras horas del día y cuando cae la noche. Se desplaza con gran agilidad por las cimas rocosas. Los machos viven solos o en grupos pequeños, mientras que las hembras forman una manada*. Ha sido víctima de una caza intensiva y estuvo a punto de desaparecer. En la actualidad es una especie protegida.

14. CASTOR

Hábitat: ríos y lagos rodeados de árboles.
Tamaño: de 82 a 90 cm.
Reproducción: una camada al año, de entre 1 y 4 crías.

El castor está activo cuando cae la noche y es muy hábil en el agua, donde puede estar sumergido hasta quince minutos. De hecho, está muy bien adaptado a la vida acuática: unas válvulas le cubren la nariz y las orejas cuando se zambulle, tiene membranas entre los dedos de las patas posteriores y su pelaje es impermeable. Durante mucho tiempo se le ha cazado por su piel y en la actualidad es una especie protegida.

¿LO SABÍAS?
Las parejas de castores están juntas toda su vida.

15. MARMOTA ALPINA

Hábitat: pastos de montaña, entre 1.200 y 2.500 metros de altitud.
Tamaño: de 48 a 60 cm.
Reproducción: una camada al año, de entre 2 y 5 crías.

La marmota está activa durante el día y se desplaza sobre todo dando saltos. Vive en familia en una madriguera, que acondiciona meticulosamente antes de hibernar durante cinco o siete meses.

16. LIRÓN

Hábitat: bosques y jardines.
Tamaño: de 13 a 19 cm.
Reproducción: una o dos camadas al año, de entre 2 y 8 crías.

El lirón es un animal nocturno que vive en grupo. Es herbívoro, pero también come insectos y babosas. Hiberna* de octubre a abril y engorda considerablemente en previsión de este periodo de sueño tan largo. Cuando se despierta, ¡ha perdido la mitad de su peso!

¿LO SABÍAS?
El periodo tan largo de hibernación de este mamífero ha dado lugar a la expresión «dormir como un lirón».

17. ARDILLA

Hábitat: bosques, maleza y bocages*.
Tamaño: de 20 a 28 cm.
Reproducción: dos camadas al año, de entre 2 y 5 crías.

La ardilla está activa durante el día y es un animal granívoro que se alimenta de todo tipo de semillas: avellanas, bellotas, bayas, etc., pero también de yemas, de brotes e incluso de huevos. Almacena reservas para el invierno en los troncos de los árboles y bajo tierra.

18. RATÓN

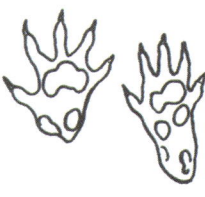

Hábitat: por todos lados, hasta en las construcciones humanas.
Tamaño: de 7 a 11 cm.
Reproducción: entre tres y cuatro camadas al año, de entre 3 y 8 crías.

El ratón vive durante la noche. Aunque es un animal granívoro, también come insectos y gusanos. Vive en familia y excava galerías subterráneas en las que instala su nido y construye habitaciones en las que almacena sus provisiones.

LAS AVES

Todas las aves tienen un pico desprovisto de dientes, el cuerpo recubierto de plumas que las protegen y que les permiten volar, y se reproducen poniendo huevos. Algunas aves, las llamadas sedentarias, pasan toda su vida en un territorio determinado. Otras, las migratorias, viajan largas distancias en busca de un lugar más favorable donde pasar el invierno.

2. Camachuelo (macho)
Sedentaria

3. Cárabo común
Sedentaria

6. Carbonero común
Sedentaria

1. Alondra
Sedentaria

4. Graja
Sedentaria

7. Urraca
Sedentaria

8. Paloma
Sedentaria

5. Faisán vulgar (macho)
Sedentaria

9. Petirrojo
Sedentaria

1. ALONDRA

Hábitat: prados y campos desde Europa hasta Japón pasando por África del Norte.
Tamaño: 18 cm.
Reproducción: 4 huevos, de dos a tres veces al año.

Su vuelo casi estacionario permite identificarla fácilmente. Se alimenta de granos, de insectos, de gusanos y de orugas. La alondra construye su nido en el suelo y, aunque no se encuentra en peligro, la intensificación de los cultivos supone una seria amenaza para su hábitat natural.

2. CAMACHUELO

Hábitat: bosques densos, setos, parques y jardines de Europa y de Asia.
Tamaño: 16 cm.
Reproducción: entre 4 y 5 huevos, dos veces al año.

Se alimenta de semillas, de bayas o de yemas. El macho se reconoce gracias a su vientre rojo anaranjado, que la hembra tiene de un color entre gris y beis. Su espalda es de color gris claro. Aunque es una especie bastante abundante, debido a la modificación de su hábitat natural está catalogado como una especie «de interés especial».

3. CÁRABO COMÚN

Hábitat: bosques, parques y jardines de Europa, de Asia y de África.
Tamaño: 36 cm.
Reproducción: entre 2 y 4 huevos, una vez al año.

El cárabo común es un ave rapaz*. Gracias a que tiene el oído muy fino y la vista aguda, es capaz de detectar desde muy lejos a los roedores de los que se alimenta. También come ranas, pequeñas aves e insectos. Sus dedos están dotados de unas garras muy potentes que le permiten agarrar con fuerza a sus presas. Es un ave nocturna, reconocida por su grito: ¡huu... huu... huuuuu!

4. GRAJA

Hábitat: zonas cultivadas, bocages* y bosques, desde Europa hasta Extremo Oriente.
Tamaño: 46 cm.
Reproducción: entre 3 y 5 huevos, una vez al año.

Se alimenta de insectos, de gusanos, de frutas y de hortalizas, pero también de semillas y de brotes de trigo, por eso los agricultores no lo aprecian demasiado, aunque es muy eficaz contra las plagas*. La graja esconde la comida para hacer reservas, y puesto que tiene una memoria excelente, es capaz de encontrarla mucho tiempo después.

5. FAISÁN VULGAR

Hábitat: montes bajos y cultivos (excepto en montaña) de Asia y de Europa.
Tamaño: entre 60 y 90 cm.
Reproducción: entre 6 y 16 huevos, varias veces al año.

El macho tiene las plumas muy coloridas y la hembra es de color beis con pequeñas manchas marrones. Es omnívoro y come granos, yemas, bayas, insectos, larvas y caracoles.

¿LO SABÍAS?
El faisán es un ave terrestre que alza el vuelo a duras penas cuando se encuentra en peligro. De noche se posa en un árbol para dormir.

6. CARBONERO COMÚN

Hábitat: bocages*, bosquetes*, bosques, parques y jardines de Europa, de Asia, de India y del noroeste de África.
Tamaño: 14 cm.
Reproducción: entre 8 y 15 huevos, dos veces al año.

El carbonero común se alimenta de insectos en verano, y de bayas y semillas en otoño y en invierno. Durante la estación fría le gustan mucho nuestros alimentos (granos, mantequilla, migas de pan...).

7. URRACA

Hábitat: campos cultivados con árboles y setos, huertos y cerca de las casas de Europa, del norte de África, de Asia y de América de Norte.
Tamaño: 46 cm.
Reproducción: entre 6 y 7 huevos, una vez al año.

Es un ave omnívora: come insectos, semillas y animales pequeños (lagartijas, roedores, polluelos...); de hecho, cualquier cosa que se pueda comer puede pasar a formar parte de su dieta.

¿LO SABÍAS?
Aunque no siempre es así, la urraca tiene fama de ladrona, porque se siente muy atraída por los objetos brillantes, que roba y lleva a su nido.

8. PALOMA

Hábitat: pueblos y campos de Europa, de Asia Occidental y del noroeste de África.
Tamaño: 30 cm.
Reproducción: 2 huevos, dos o tres veces al año.

Se alimenta de frutas y de granos, pero en la ciudad come las migas de pan que le damos. Su presencia familiar y su canto la convierten en una de las aves más comunes.

¿LO SABÍAS?
Tanto el macho como la hembra incuban los huevos, algo muy raro entre las aves. Los dos secretan un líquido que utilizan para alimentar a los polluelos durante sus primeros días de vida.

9. PETIRROJO

Hábitat: bosques, jardines, setos y taludes desde Europa hasta Siberia, Asia Menor y Oriente Medio.
Tamaño: 14 cm.
Reproducción: entre 5 y 7 huevos, dos o tres veces al año.

Se alimenta de insectos, de larvas, de arañas, de bayas y de granos. Es un ave muy familiar que no duda en acercarse a los humanos y pedir comida.

10. TREPADOR AZUL

Hábitat: bosques, parques, vergeles y jardines de Europa y de Asia.
Tamaño: 14 cm.
Reproducción: entre 1 y 6 huevos, una vez al año.

Se alimenta de frutos secos, de semillas y de los insectos que encuentra en la superficie de la corteza de los árboles en primavera. El trepador azul es un gran carpintero: construye el nido en los huecos que encuentra en los árboles y en las rocas, y estrecha la entrada con bolitas de tierra mojadas con saliva.

11. TÓRTOLA TURCA

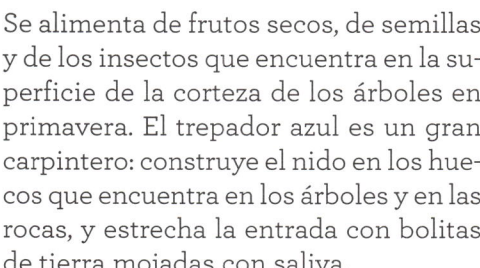

Hábitat: ciudades, parques y jardines de Europa, de la costa de Escandinavia, de Oriente Medio y de Asia.
Tamaño: 30 cm.
Reproducción: 2 huevos, varias veces al año.

Se alimenta de semillas, de bayas, de frutos y de insectos. Su presencia en Europa es muy reciente, hace solo cincuenta años. Es un ave sedentaria, pero no para de expandirse hacia el norte y hacia el suroeste.

12. ÁNADE AZULÓN

Hábitat: ríos, lagos y estanques del hemisferio norte.
Tamaño: 58 cm.
Reproducción: entre 7 y 12 huevos, una vez al año.
Migración: hacia el sur, en invierno.

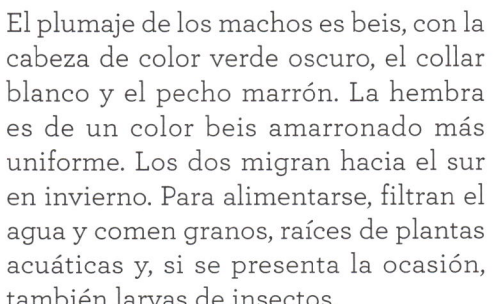

El plumaje de los machos es beis, con la cabeza de color verde oscuro, el collar blanco y el pecho marrón. La hembra es de un color beis amarronado más uniforme. Los dos migran hacia el sur en invierno. Para alimentarse, filtran el agua y comen granos, raíces de plantas acuáticas y, si se presenta la ocasión, también larvas de insectos.

13. CUCO

Hábitat: bosques, vergeles, pantanos y landas de Europa, de Asia y de África.
Tamaño: 33 cm.
Reproducción: una decena de huevos, dos veces al año.
Migración: hacia África, de agosto a abril.

Su plumaje es totalmente gris, pero algunas hembras lo tienen marrón rojizo. El cuco se alimenta de insectos y es la única ave que se puede comer las orugas más peludas: ¡escupe los pelos en forma de bola!

¿LO SABÍAS?
La hembra no construye un nido ni incuba sus huevos... Los pone en los nidos de otras aves después de deshacerse de los huevos ajenos. Los padres «adoptivos» se hacen cargo de alimentar y de cuidar a sus polluelos.

14. GARZA REAL

Hábitat: orillas de los ríos, de los estanques o de los pantanos de Europa, de Asia y de África.
Tamaño: 95 cm.
Reproducción: entre 4 y 5 huevos, una vez al año.
Migración: hacia España y África, en invierno.

Es un ave carnívora: se alimenta de peces, de anfibios* y de insectos acuáticos. A menudo, la garza real se mantiene en pie con una sola pata, inmóvil en la orilla, a la espera de una presa.

15. GOLONDRINA

Hábitat: Europa, Asia, África y América.
Tamaño: 19 cm.
Reproducción: entre 4 y 5 huevos, dos veces al año.
Migración: hacia África, en invierno.

Su vuelo es rápido y bajo, a menudo a ras de suelo para cazar los insectos de los que se alimenta. En Europa, su presencia se asocia con la llegada de la primavera, ya que vuelve de su migración en esta estación.

16. VENCEJO COMÚN

Hábitat: Europa y el norte de la India.
Tamaño: 16 cm.
Reproducción: entre 2 y 3 huevos, una vez al año.
Migración: hacia África, en otoño y en invierno.

¡Puede llegar a los 200 km/h!

Como ocurre con la golondrina, come los insectos que caza al vuelo. No se posa jamás en el suelo: se alimenta, duerme y se reproduce mientras vuela. A menudo lo vemos en grupo, desplazándose rápidamente sobre pueblos y ciudades.

17. BUSARDO RATONERO

Hábitat: zonas templadas de Europa y de Asia.
Tamaño: 55 cm.
Reproducción: entre 2 y 4 huevos, una vez al año.
Migración: es una especie sedentaria, pero a veces huye de las zonas frías en invierno.

Es un ave rapaz* diurna*: se alimenta de mamíferos pequeños, de insectos, de gusanos y de anfibios*. Tiene un vuelo muy característico: plano, circular y con las alas muy abiertas.

18. PINZÓN

Hábitat: bosques, vergeles y jardines de Europa, de Oriente Medio, del oeste de Asia y del norte de África.
Tamaño: 15 cm.
Reproducción: entre 4 y 5 huevos, una vez al año.
Migración: es una especie sedentaria, pero a veces huye de las zonas frías en invierno.

El macho tiene el vientre y las mejillas de un color entre rojo y naranja, y el pescuezo gris azulado. La hembra es verdosa por arriba y de un color entre marrón y gris por debajo. Tienen el pico típico de los granívoros, pero también se alimentan de insectos.

¿LO SABÍAS?
Es un ave muy abundante. Se estima que en Europa podría haber entre 83 y 240 millones de parejas, ¡y más de seis millones solo en la península Ibérica!

LOS INSECTOS

Ocho de cada diez animales son insectos. Constituyen el grupo animal más importante del planeta y ocupan un lugar fundamental en todos los medios naturales. Tienen el cuerpo dividido en tres partes: la cabeza, el tórax –sostenido por seis patas, con alas o sin alas o élitros*–, y el abdomen. Ponen huevos, de los que salen insectos jóvenes, o larvas que se transforman en ninfas* y que iniciarán la metamorfosis.

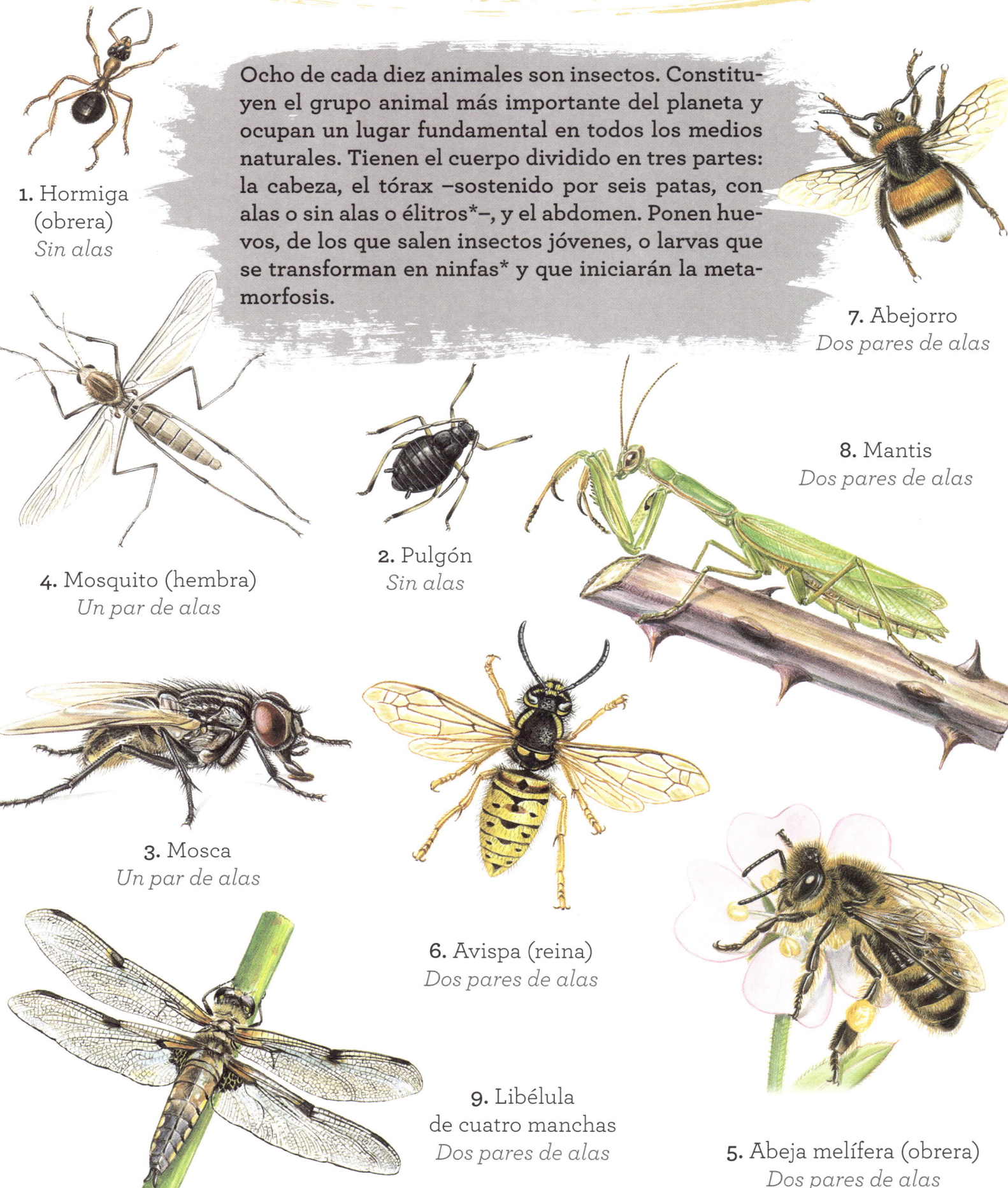

1. Hormiga (obrera)
Sin alas

2. Pulgón
Sin alas

3. Mosca
Un par de alas

4. Mosquito (hembra)
Un par de alas

5. Abeja melífera (obrera)
Dos pares de alas

6. Avispa (reina)
Dos pares de alas

7. Abejorro
Dos pares de alas

8. Mantis
Dos pares de alas

9. Libélula de cuatro manchas
Dos pares de alas

1. HORMIGA

Hábitat: bosques, campos, jardines y casas.
Tamaño: entre 2 y 5 mm para las obreras, 4 mm para los machos, y entre 6 y 10 mm para las hembras.

¡Existen más de 10.000 especies de hormigas en el mundo!

Las hormigas son insectos sociales que se alimentan de melaza, una sustancia segregada por los pulgones. Cuando una hormiga encuentra comida, advierte al resto de compañeras dejando por el camino unas señales químicas olorosas. También se comunican entre ellas tocándose con las antenas.

¿LO SABÍAS?
Fuera del hormiguero, la reina copula con el macho, que muere inmediatamente después. Es entonces cuando pierde las alas, entra en el nido y pone los huevos ella sola.

2. PULGÓN

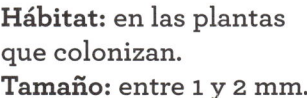

Hábitat: en las plantas que colonizan.
Tamaño: entre 1 y 2 mm.

Su boca es una especie de aguja (un pico*) que perfora los vegetales y le permite aspirar la savia con la que se alimenta. Las mariquitas son su principal depredador, y algunas hormigas los crían por su melaza (secreción azucarada).

3. MOSCA

Hábitat: ¡en todo el mundo!
Tamaño: de 6 a 10 mm.

Para alimentarse, la mosca aspira con su trompa el líquido que extrae de la carne, de los excrementos, de las frutas o de las flores. Puede desplazarse sobre superficies verticales gracias a unas bolitas adhesivas que tiene en los extremos de las patas.

¿LO SABÍAS?
La larva de la mosca de la carne, llamada asticot, es utilizada como cebo por los pescadores.

4. MOSQUITO

Hábitat: ¡en el mundo entero!
Tamaño: entre 3 y 6 mm.

La hembra es la única que pica, porque se alimenta de sangre para favorecer la puesta. Las larvas son acuáticas y filtran el agua en busca de comida. El macho, por su parte, bebe el jugo de las frutas y de las plantas.

5. ABEJA MELÍFERA

Hábitat: troncos de árboles, agujeros en las rocas o colmenas construidas por el ser humano.
Tamaño: de 10 a 15 mm para las obreras, de 14 a 18 para los machos y 20 mm para las reinas.

La abeja es un insecto social que vive en colonias muy grandes formadas normalmente por una reina, decenas de miles de obreras, y algunas decenas o centenas de machos. La reina es la única que tiene la capacidad de poner, y las obreras se encargan de todas las tareas de la colmena, como la producción de miel y de cera, entre otras.

¿LO SABÍAS?
Su picadura es dolorosa para los seres humanos, pero suele ser mortal para la abeja: tiene el aguijón unido al cuerpo y, si lo pierde, arrastra con él sus órganos internos.

6. AVISPA

Hábitat: bosques, prados, orillas de los ríos y jardines.
Tamaño: de 11 a 14 mm para las obreras, de 13 a 17 mm para los machos, y 2 cm para las reinas.

Como ocurre con todos los insectos sociales, la reina es la única que pone huevos. Su nido está construido con una especie de papel maché fabricado a partir de fragmentos de madera mezclados con saliva. La avispa pica para defenderse, pero las hembras son las únicas que tienen aguijón. En la naturaleza, se alimenta de insectos y le gustan especialmente el néctar de las flores y el jugo de los frutos maduros.

7. ABEJORRO

Hábitat: bosques, prados y jardines.
Tamaño: de 11 a 22 mm para los machos, y de 24 a 28 mm para las hembras.

El abejorro es un insecto social. Se alimenta de polen y de néctar, y es imprescindible para la polinización de numerosas plantas porque tiene una lengua muy larga que le permite llegar al cáliz* de algunas flores a las cuales el resto de insectos no puede llegar. Solo hiberna* la reina fecundada, que en verano dará a luz a una nueva colonia, que desaparecerá en otoño.

8. MANTIS

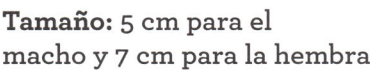

Hábitat: zonas con hierba de las regiones cálidas.
Tamaño: 5 cm para el macho y 7 cm para la hembra.

La mantis es un insecto carnívoro que caza al acecho y come insectos, a veces más grandes que ella. La hembra tiene muy mala reputación, ya que devora al macho después de la cópula.

¿LO SABÍAS?
Su nombre completo es mantis religiosa porque a menudo tiene las patas delanteras dobladas como si estuviera rezando.

9. LIBÉLULA DE CUATRO MANCHAS

¡Tiene 100.000 ojos pequeños!

Hábitat: en los cursos de agua y en el agua estancada.
Tamaño: de 4 a 5 cm.

Las larvas de la libélula viven en el fondo del agua durante dos o tres años y son carnívoras. Las adultas se alimentan de insectos voladores y son muy buenas cazadoras: vuelan rápido y tienen buena vista. De hecho, ¡sus dos ojos están formados por más de 100.000 ojitos pequeños (facetas)!

10. CIGARRA

Hábitat: árboles, arbustos y viñedos de las regiones meridionales de Europa.
Tamaño: 5 cm.

Las larvas viven durante cuatro años enterradas en el suelo y se alimentan del jugo de las raíces. Las cigarras adultas solo viven unos pocos meses en el exterior, entre mayo y agosto, y se alimentan del jugo que absorben de las plantas. El macho es famoso por el canto que produce gracias a los órganos sonoros que tiene situados bajo el abdomen (timbales).

¿LO SABÍAS?
Las ninfas de una especie de cigarra de los Estados Unidos viven enterradas ¡durante 17 años! Es el ciclo vital más largo de cualquier insecto conocido.

11. ESCARABAJO DE LA PATATA

Hábitat: ¡en los campos de todo el mundo!

Tamaño: de 6 a 11 mm.

En verano lo puedes encontrar sobre las hojas de la patata, de la tomatera o del tabaco, y puede causar daños considerables... Tanto el adulto como las larvas pueden ser destruidos por los pesticidas, pero también por su depredador: el carábido.

12. SALTAMONTES VERDE COMÚN

Hábitat: prados, setos y límite de los bosques de las regiones meridionales.
Tamaño: de 3 a 5 cm.

Se alimenta de vegetales y de insectos pequeños que atrapa saltándoles encima, aunque también puede comer vegetales. El macho canta frotando las alas una contra la otra. Su canto se confunde a veces con el del grillo. La hembra se reconoce gracias a una larga prolongación de su abdomen, que le sirve para poner los huevos en el suelo.

13. ESCARABAJO RINOCERONTE

Hábitat: entornos cálidos y boscosos.
Tamaño: entre 2 y 4 cm.

Las larvas pasan entre dos y tres años en el humus de los árboles muertos. Los adultos aparecen en junio, pero su esperanza de vida no supera los dos meses. Los machos son los únicos que tienen una especie de cuerno grande y curvo. Cuando se pelean entre ellos, el perdedor termina boca arriba.

14. MARIQUITA

Hábitat: jardines y prados de las llanuras y de las montañas.
Tamaño: entre 5 y 8 mm.

¡Come más de 100 pulgones al día!

Tanto las larvas como las adultas son carnívoras ¡y comen más de un centenar de pulgones al día! Por este motivo, la mariquita es más que bienvenida en los jardines. Para defenderse secreta un líquido amarillo que huele muy mal, y cuando se siente en peligro, ¡se tumba boca arriba y se hace la muerta!

¿LO SABÍAS?
Contrariamente a lo que se creía, el número de puntos no indica la edad del animal porque no varía nunca, sino que es una característica de cada especie. La mariquita de siete puntos, por ejemplo, es la especie más extendida en Europa.

15. CARÁBIDO DORADO

Hábitat: eriales húmedos, prados y límite de los bosques.
Tamaño: entre 15 y 35 mm.

Se lo podría conocer perfectamente con el nombre de jardinero, porque tanto las larvas como los adultos se alimentan de los bichos que dañan los cultivos, como son algunos insectos, gusanos y también caracoles. Por desgracia, el carábido dorado es cada vez más escaso en los jardines a causa de los pesticidas.

16. GRILLO

Hábitat: casas, fábricas, invernaderos, hornos de pan...
Tamaño: 2 cm.

Se alimenta de plantas y de animales pequeños. La mayor parte del tiempo se desplaza corriendo, y su canto, producido por el rozamiento de las alas anteriores la una contra la otra, parece el gorjeo de un pájaro.

¿LO SABÍAS?
El grillo tiene que realizar doce o trece mudas antes de alcanzar el tamaño adulto.

17. CHINCHE ROJA

Hábitat: parques y jardines.
Tamaño: entre 8 y 12 mm.

Se alimenta de la savia que chupa de los tallos y de las hojas con el pico*, pero también come insectos muertos. Es la chinche más extendida de todas y vive en colonia.

18. CHINCHE VERDE

Hábitat: cualquier tipo de vegetal del límite de los bosques, de los parques y de los jardines.
Tamaño: entre 12 y 14 mm.

Se alimenta aspirando la savia de las plantas con su pico*. Para protegerse, secreta un olor muy desagradable. Los frutos sobre los que deposita ese olor tienen un sabor repugnante. Las chinches verdes más jóvenes necesitan realizar cinco mudas antes de convertirse en adultas.

¿LO SABÍAS?
También se la conoce con el nombre de *chinche hedionda* a causa del mal olor que desprende.

LAS MARIPOSAS

Las mariposas forman parte del orden de los lepidópteros, que viene del latín *lepido*, 'escama', y *ptera*, 'ala'. Las minúsculas escamas que recubren sus alas son el origen de los magníficos colores por los que son tan famosas entre los investigadores y los coleccionistas. Junto con los coleópteros (escarabajos, mariquitas...), son el orden más extendido, el más estudiado y el más rico en cuanto al número de especies de entre todos los insectos.

8. W-blanca
Europa y Asia templada

6. Esfinge de la calavera
Europa, África y Asia

5. Blanca del majuelo
*África del Norte
y Asia templada*

2. Apolo
Europa y Asia templada

7. Procris turquesa de la acedera
Europa y Asia templada

1. Isabelina
España y Francia

9. Polilla amarilla del sauce
*Europa
y América del Norte*

3. Mariposa tigre
*Europa, África del Norte
y Asia Occidental*

4. Bómbix hoja de encina
Europa y Asia templada

1. ISABELINA

Hábitat: claros y límites de los bosques de media montaña.
Planta alimenticia: pino.
Envergadura: de 8 a 11 cm.

Esta mariposa es un verdadero tesoro. Es tan bella y tan rara que causa admiración y es muy perseguida por los coleccionistas. Su oruga, de color marrón y blanco con pinceladas verdes en los lados, roe las hojas viejas de los pinos. Es una especie protegida en muchas comunidades de España.

2. APOLO

Hábitat: prados y zonas con césped rocosas y soleadas.
Planta alimenticia: plantas suculentas de los peñascos.
Envergadura: de 7 a 10 cm.

Es una mariposa del periodo glacial. En la época en la que se pintaban los frescos de la cueva de Altamira, esta mariposa ya volaba por las llanuras de la Europa meridional congeladas por la glaciación. La oruga necesita nieve y frío para poder desarrollarse, mientras que la mariposa adulta es una amante del sol.

3. MARIPOSA TIGRE

Hábitat: límite de los bosques, claros, setos y eriales.
Planta alimenticia: numerosos árboles, arbustos y plantas herbáceas.
Envergadura: de 4,5 a 5,5 cm.

Dedica mucho tiempo a libar las flores y descansa a la sombra durante las horas más calurosas del día. En Grecia, en el llamado valle de las Mariposas, cientos de mariposas tigre se agrupan y vuelan de un modo espectacular. ¡La oruga está llena de mechones de pelo que hacen que parezca que va despeinada!

4. BÓMBIX HOJA DE ENCINA

Hábitat: límite de los bosques y setos.
Planta alimenticia: robles y otros planifolios.
Envergadura: de 4,5 a 9 cm.

Esta mariposa es la reina del disfraz y debe su nombre a la forma de sus alas, a las líneas oscuras que las atraviesan y al modo tan particular que tiene de replegarlas. Cuando lo hace, parece una auténtica hoja de encina, ¡es increíble! Hay que fijarse muy bien para verla. La oruga es aplastada, de color gris marrón con mechones de pelo en los lados, y no se puede camuflar tan bien como la mariposa.

5. BLANCA DEL MAJUELO

Hábitat: límite de los bosques, setos, eriales y vergeles.
Planta alimenticia: endrinos, majuelos y árboles frutales.
Envergadura: de 5 a 6,5 cm.

Es una mariposa típica de la primavera y adora la luz. Le gusta mucho la compañía y frecuenta en grupo las mismas flores. La oruga suele estar en los árboles jóvenes. Aunque primero se encuentre oculta en un saco de seda con otras orugas, cuando sale inicia una vida en solitario.

6. ESFINGE DE LA CALAVERA

Hábitat: eriales y cultivos.
Planta alimenticia: plantas de la familia de la patata y arbustos como la lila.
Envergadura: de 10 a 14 cm.

El dibujo que tiene en el tórax junto con los gritos agudos que emite le han dado fama de ser portadora de malos augurios. Le gusta tanto la miel, que a veces entra dentro de las colmenas. ¡La oruga puede llegar a medir 13 centímetros de largo!

¡Bate las alas tan deprisa que zumba!

7. PROCRIS TURQUESA DE LA ACEDERA

Hábitat: zonas de hierba y prados secos y húmedos.
Planta alimenticia: acedera.
Envergadura: de 2,5 a 3 cm.

Siente especial aprecio por las plantas violetas, como el cardo o la centáurea. La oruga, rechoncha y de un color entre marrón y púrpura con manchas amarillas coronadas con mechones de pelo, se encuentra sobre todo en la acedera de los prados.

8. W-BLANCA

Hábitat: límite de los bosques y setos.
Planta alimenticia: olmos y a veces tilos o robles.
Envergadura: 3 cm.

A menudo solitaria, se limita a vivir en la cima de los árboles grandes. A veces baja al suelo, sobre todo por las mañanas, para libar las flores, beber agua o absorber la melaza de los pulgones. A causa de una enfermedad que ha matado a la mayor parte de los olmos de nuestras regiones, esta mariposa escasea. La oruga, achaparrada y plana por los lados, es de un color entre verde y amarillo. Primero come las yemas y después continúa con las hojas.

9. POLILLA AMARILLA DEL SAUCE

Hábitat: bosques húmedos y landas.
Planta alimenticia: sauces, álamos y otras plantas bajas.
Envergadura: hasta 3 cm.

De día se esconde, pero de noche se siente atraída por las luces de las casas y de las ciudades. La oruga, de un color entre marrón y gris, tiene una línea que la atraviesa de arriba abajo. Primero se come los amentos de los sauces o de los álamos, para luego devorar sus hojas.

14. Caleidoscopio
Asia templada

10. Moscardón azul
Sudeste de Asia, China, Japón y Australia

12. Cuervo azul rayado
Sudeste de Asia

11. Cecropia
América del Norte

13. Polilla jeroglífica
América Latina y sur de los Estados Unidos

18. Polilla crepuscular de Madagascar
Madagascar

16. Polilla emperador
América Latina

15. Mariposa Morfo Aquiles
América del Sur

17. Mariposa de alas de pájaro
Australia y archipiélago de las islas Molucas

10. MOSCARDÓN AZUL

Hábitat: bosques húmedos de hasta 1.600 m de altitud.
Planta alimenticia: varios árboles como el laurel o el alcanforero.
Envergadura: de 5,5 a 7,5 cm.

Es difícil de atrapar, porque su vuelo es rápido y sus reacciones fulminantes. A menudo, el macho se posa sobre el suelo para beber de los charcos de agua. ¡Se siente atraída por los excrementos frescos y por los cadáveres! La oruga, en cambio, es muy fácil de ver, es verde y muy jorobada, decorada con una línea amarilla y con dos espinas negras y blancas.

11. CECROPIA

¡Es la polilla más grande de América del Norte!

Hábitat: bosques y parques urbanos con árboles.
Planta alimenticia: sauces, álamos y otros árboles y arbustos planifolios.
Envergadura: hasta 15 cm.

La adulta no se alimenta, sino que vive de las reservas que acumuló la oruga, que puede llegar a medir entre 8 y 10 centímetros de largo al final de su crecimiento.

12. CUERVO AZUL RAYADO

Hábitat: bosques húmedos de árboles planifolios.
Planta alimenticia: varios arbustos como el ficus o la adelfa.
Envergadura: hasta 9 cm.

Es incomible para las aves y los reptiles y, como es tóxica, si algún animal se la come por error la vomita inmediatamente. Por eso, para protegerse, ¡algunas mariposas copian su aspecto! La oruga tiene seis filamentos gruesos y negros en la espalda y dos cuernos en la cabeza.

13. POLILLA JEROGLÍFICA

Hábitat: desde bosques hasta cultivos.
Planta alimenticia: numerosas plantas salvajes o cultivadas.
Envergadura: de 3,5 a 5 cm.

Es muy común y en algunos lugares se la considera una destructora de cultivos. Es muy discreta de día, y se activa de noche. La oruga vive en grupo y ataca los cultivos de pacana, de cocotero, de boniatos o de soja. Es muy vistosa, pero incomible para las aves.

14. CALEIDOSCOPIO

Hábitat: bosques planifolios.
Planta alimenticia: varios árboles y arbustos como el roble, la magnolia o el arce.
Envergadura: entre 3,5 y 6 cm.

Las manchas blancas que tiene en las alas parecen pinceladas. Su forma y sus dibujos la hacen destacar como una joya sobre el fondo verde de los árboles. La oruga se esconde dentro de una hoja enrollada, por eso pertenece a la familia de los tortrícidos.

15. MARIPOSA MORFO AQUILES

Siente debilidad por el alcohol...

Hábitat: bosques húmedos.
Planta alimenticia: plantas enredaderas.
Envergadura: entre 10,5 y 12,5 cm.

Su debilidad por el alcohol es bien conocida por los entomólogos,* ¡que la atraen con frutas podridas o zumos fermentados! También le gusta mucho la savia que rezuma de las heridas de los troncos. La oruga, con su silueta sinuosa, con los dibujos que la decoran y con los cuatro pares de cuernos que tiene en la espalda, es una auténtica obra de arte.

16. POLILLA EMPERADOR

Hábitat: bosques húmedos.
Planta alimenticia: árboles de la familia de los leguminosos.

Envergadura: ¡hasta 28 centímetros!

Posee el récord mundial de la mariposa con más envergadura. Es tan grande, que su forma de batir las alas hace que a menudo se confundan con un ave o, mejor dicho, con un murciélago, porque vuela de noche. Aunque es muy arisca, es fácilmente visible, porque se siente atraída por la luz. No sabemos demasiadas cosas de su oruga, porque nunca se ha criado en cautividad.

17. MARIPOSA DE ALAS DE PÁJARO

Hábitat: bosques húmedos.
Planta alimenticia: plantas enredaderas con flores con el tubo acampanado (aristoloquiáceas).
Envergadura: de 18 a 22 cm.

¡El macho es muy celoso! Persigue a la hembra y ahuyenta a sus pretendientes. También es muy posesivo con sus flores y ataca a los colibrís que se les acercan demasiado. La oruga es de un color entre negro y marrón con dos manchas blancas, y con dos filas de espinas de arriba abajo.

18. POLILLA CREPUSCULAR DE MADAGASCAR

Hábitat: bosques secos y húmedos.
Planta alimenticia: varias lianas.
Envergadura: entre 7 y 11 cm.

Con su arcoíris de colores con reflejos dorados, está considerada una de las mariposas más bellas del mundo. La oruga parece un excremento, ¡lo que disuade a las aves de atacarla! Además, es muy peligrosa porque su sangre es tóxica a causa de la savia de la planta con la que se alimenta.

GLOSARIO

Almidón: azúcar complejo almacenado en algunos vegetales (trigo, patata, arroz, soja, etc.).

Anfibio: clase de animales que viven en tierra y en el agua, como por ejemplo las ranas y los sapos.

Aromático: dicho de una planta que tiene un olor que la hace interesante para la perfumería o la cocina.

Bocage: prados y campos divididos en parcelas rodeadas de setos vegetales o muros de piedra.

Bosquete: bosque pequeño.

Bulbo: órgano subterráneo de una planta, rico en reservas nutritivas, en cuya base crecen las raíces.

Bulbilo: bulbo* pequeño que nace en las raíces de las plantas y que constituye su medio de reproducción.

Cáliz: envoltorio que recubre la parte inferior de la corola de una flor y protege sus órganos sexuales.

Cardo: planta salvaje espinosa.

Cestería: fabricación de objetos trenzados.

Diurno: dicho del animal que vive durante el día, en oposición a los animales nocturnos, que duermen de día y están activos durante la noche.

Ebanistería: fabricación de mobiliario de lujo.

Élitro: alas anteriores de los insectos que están endurecidas y sirven para proteger las alas posteriores, no para volar. Algunas especies tienen hemélitros: solo la mitad del ala es dura.

Enriado: acción que consiste en separar las fibras textiles de una planta destruyendo la sustancia que las une. La maceración en el agua y la exposición al calor permiten el enriado.

Hibernar: durante el invierno, algunos animales están inactivos: no duermen, no se alimentan y la temperatura de su cuerpo baja hasta solo unos grados por encima de cero.

Imputrescible: que no se pudre.

Inflorescencia: forma en que se agrupan las flores en una planta.

Lutería: fabricación de instrumentos de cuerda, como el violín o la guitarra.

Manada: grupo de animales salvajes que viven juntos.

Ninfa: última etapa de crecimiento de la larva. La ninfa se mantiene inmóvil mientras se producen las transformaciones de su cuerpo en un proceso llamado metamorfosis. Cuando termina, el insecto adulto eclosiona rompiendo las paredes de su envoltorio.

Pico: aparato bucal en forma de aguja de algunos insectos, que les permite perforar la piel de las plantas y de los animales para absorber la savia o la sangre.

Plaga: dicho de los animales destructores de cultivos o de otros animales.

Rapaz: ave carnívora que captura a las presas vivas gracias a sus zarpas poderosas.

Rizoma: tallo subterráneo de una planta lleno de reservas nutritivas.

Terreno drenado: terreno donde el agua se escurre fácilmente.

Tornería: trabajo de la madera con el que se fabrican pizas pequeñas, como patas de silla o pomos de puerta.

Torta: residuos obtenidos de la extracción del aceite de algunas semillas.